D1328101

Maria Puchol

Abdo
EL ABECEDARIO
Kids

abdopublishing.com

Published by Abdo Kids, a division of ABDO, PO Box 398166, Minneapolis, Minnesota 55439.
Copyright © 2018 by Abdo Consulting Group, Inc. International copyrights reserved in all countries.
No part of this book may be reproduced in any form without written permission from the publisher.

Printed in the United States of America, North Mankato, Minnesota.

102017

012018

THIS BOOK CONTAINS
RECYCLED MATERIALS

Photo Credits: iStock, Shutterstock

Production Contributors: Teddy Borth, Jennie Forsberg, Grace Hansen

Design Contributors: Christina Doffing, Candice Keimig, Dorothy Toth

Publisher's Cataloging in Publication Data

Names: Puchol, Maria, author.

Title: Vv / by Maria Puchol.

Description: Minneapolis, Minnesota : Abdo Kids, 2018. | Series: El abecedario |
    Includes online resource and index.

Identifiers: LCCN 2017941889 | ISBN 9781532103223 (lib.bdg.) | ISBN 9781532103827 (ebook)

Subjects: LCSH: Alphabet--Juvenile literature. | Spanish language materials--Juvenile literature. |
    Language arts--Juvenile literature.

Classification: DDC 461.1--dc23

LC record available at https://lccn.loc.gov/2017941889

Contenido

La Vv

Valentina, la **vecina**, lleva un vestido **v**erde.

4

La Vv

Victoria **v**a a **v**isitar a María este **v**erano en **V**alencia.

La Vv

El **v**elero se mue**v**e porque la **v**ela atrapa el **v**iento.

La Vv

Los amigos de **V**aleria **v**alen mucho, son **v**erdaderos amigos.

La Vv

Violeta **v**ol**v**erá al **v**eterinario el **v**iernes.

La Vv

Valentín y su familia **viv**en en **V**ietnam.

La Vv

En **v**erano **V**icente usa un **v**entilador **v**iejo.

La Vv

Este **v**ehículo **v**a a mucha **v**elocidad.

La Vv

¿Qué instrumento toca **V**íctor?

(el **v**iolín)

Más palabras con **Vv**

vikingo

vacaciones

vapor

volar

Glosario

vecino
personas que viven cerca
de nosotros.

velocidad
qué tan rápido se mueve o se
hace algo.

Índice

abdokids.com

¡Usa este código para entrar en abdokids.com y tener acceso a juegos, arte, videos y mucho más!

Código Abdo Kids:
EAK2998